AF288469

WOLFGANG PREIN

THEATRUM JURIDICUM

oder

JURISTISCHE BEOBACHTUNGEN

SELBSTVERLAG
2003

ISBN 3-8330-0080-5

Herstellung: Books on Demand GmbH

In einer Zeit der Prozeßwut rückt der Berufsstand der Juristen - unter diesen speziell die Gruppe der Richter – ins Blickfeld der Medien. Richterschelte durch Politik und Öffentlichkeit, aber auch Kontroversen der Richter untereinander, gehören zum alltäglichen Nachrichtenteil. Jeder erwartet von den „ Jüngern Justitias" absolute Objektivität, Unbestechlichkeit und ähnliche Sekun - därtugenden. Bei genauer Beob - achtung ihrer Tätigkeit zeigen sie sich allerdings oftmals als sehr ge- wöhnliche Wesen.

Der Künstler hält in diesem Büchlein einige seiner Beobachtungen und Impressionen aus dem Gerichtssaal fest - zugegebenerweise in höchst subjekiver Form.

Inhalt

1. Theatrum juridicum

Das „Theatrum juriducum" hat ähnlich den „Brettern, die die Welt bedeuten", Tragödien sowie Komödien zu bieten, mit Richtern als Regisseuren und Angeklagten, Anwälten und Staatsanwälten als Akteure.

THEATRUM JURIDICUM

2. Die Mühle der Justiz

Die gewaltige „Mühle der Justiz"
entpuppt sich oft als kleine Hand -
mühle. Meist mit großer Eile stopft
der „Justizmüller" alles in den großen
Vehandlungstrichter der Routine, um
dann mit der Pargraphenkurbel das
Ganze kräftig durchzumahlen. Dieser
Vorgang kann des öfteren wiederholt
werden. Man nennt dieses Procedere
dann Berufung oder Revision.
Das Endprodukt ist aber häufig un-
genießbares Paragraphenklein.

3. Die Grenze des Rechts

Recht und Rechtsprechung entsprechen sich nicht immer.
Für die Spezies der richterlichen Rechthaber ist diese unüberschreitbare Grenze Justitias ein Grund zur Empörung.
Ihr Motto lautet deshalb: „Es lebe die Regentschaft der Paragraphen!"

4. Das Abwägen

Eine der wichtigsten Aufgaben der Richterschaft ist das Abwägen der Rechtsgüter.
Jeder Richter des Senats füllt die Waagschalen der Gerechtigkeit nach seinem Gusto und Vermögen.

5. Auf zu neuen Taten

Dem guten Juristen, nicht nur einem des „1000 jährigen Reiches", ist die Anpassungsfähigkeit der Spezies „Vulpis" zu eigen.

Nach Zerstörung, Untergang und mißtönenden Freisler Tiraden em - pfahl man sich als treuer Diener seines Staates. Der Tod ward gefordert, der Tod ward gegeben. Es wurde gerichtet, man war ja korrekt. Im Bewußtsein „frei von Mitschuld" schreitet er zu neuen Taten. Ein neuer Dienstherr, der alte Diener.

TODESURTEIL IM NAMEN DES VOLKES

THUSEND JÄHRI

REICH

BUNDES

REPUBLIK

N. Prein

6. Der Traum von der guten alten Zeit

Unter dem „Richtertisch der Ehrbarkeit" sitzend, sinniert er über den Verlust verlorener Machtvollkommenheit. So träumt er von der alten, eisernen, durchgreifenden Faust, den Liberalismus als Schwäche verachtend.

Justitia, als tragende Säule der Macht, soll einem entkappten Jagdfalken gleich, ihrer „Beute" die Krallen mit aller Schärfe zu spüren geben.

Gott gleich, will er wieder befinden über Leben und Tod.

7. Der Paragraphenreiter

„Cave canem" diente schon in alter Zeit als Warnung. Ist es doch die angeborene Aufgabe der Spezies „Canis", mit Lust zu jagen, zu hetzen und zu apportieren.

Mit tödlicher Sicherheit spürt deshalb die Spezies des „Paragraphencanis" die ungewöhnlichsten Paragraphen auf, legt diesen den passenden Prozeßsattel auf, um ihnen dann voller Wollust durch den Gerichtssaal zu reiten.

Einem apokalyptischen Reiter gleich mäht er alles nieder, was seinen Weg kreuzt.

8. Ungleicher Zweikampf

Eingehüllt in die Gewichtigkeit und Unantastbarkeit von Amt und Person, läßt er von seinem Richterolymp die volle Wucht der juristischen Verbalkeule auf den Angeklagten niedersausen. Dieser muß alles in angemessener Haltung widerspruchslos über sich ergehen lassen.
Aus der Fülle seiner Macht entzieht er dem Angeklagten das Wort.
Auch das der Wahrheitsfindung dienliche?

9. Urteilsverkündung

„Im Namen des Volkes", gleich tibetanischen Gebetsmühlen rattern sie, den Teufel des Rechthabens im Genick, Paragraphen leiernd ihr Urteil herunter, der Folgen ihres Spruches nicht achtend.

10. Das kassierte Urteil

Die Hierarchie ist streng gegliedert.
Nur das Urteil der höchsten Instanz
hat Bestand.
Gescholten muß der Untergebene
den Verriß seines Spruches hin-
nehmen, in der Hoffnung, doch noch
auf der Leiter der Hierarchie auf -
zusteigen.

11. Ein offenes Ohr

Bei der Urteilsfindung neigt er beflissen sein Ohr dem Teufel des Vorurteils und der Einflüsterung.
Willig bereit, den Grundsatz zu vergessen, „in dubio pro reo".

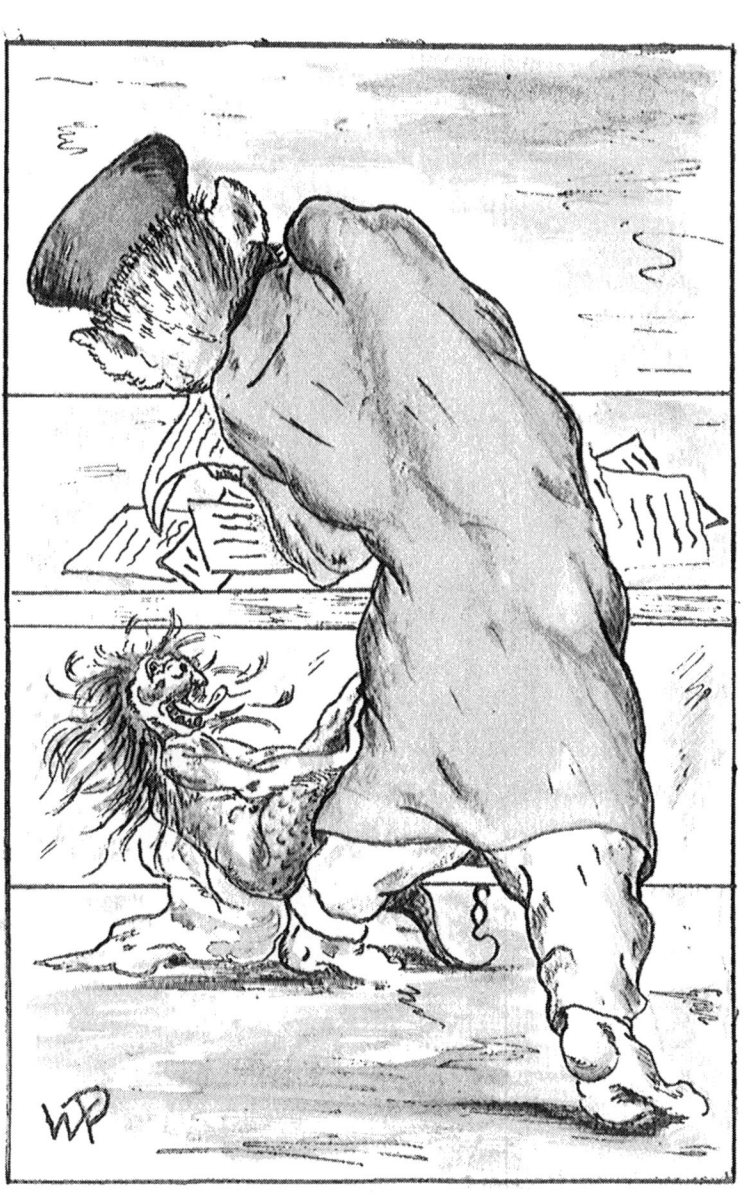

12. Auf verlorenem Posten

Gegen Präjudiz, konsequente Einfalt und depraviertes Verhalten ist selbst der beste Anwalt machtlos, der Sprachgewandteste sprachlos.

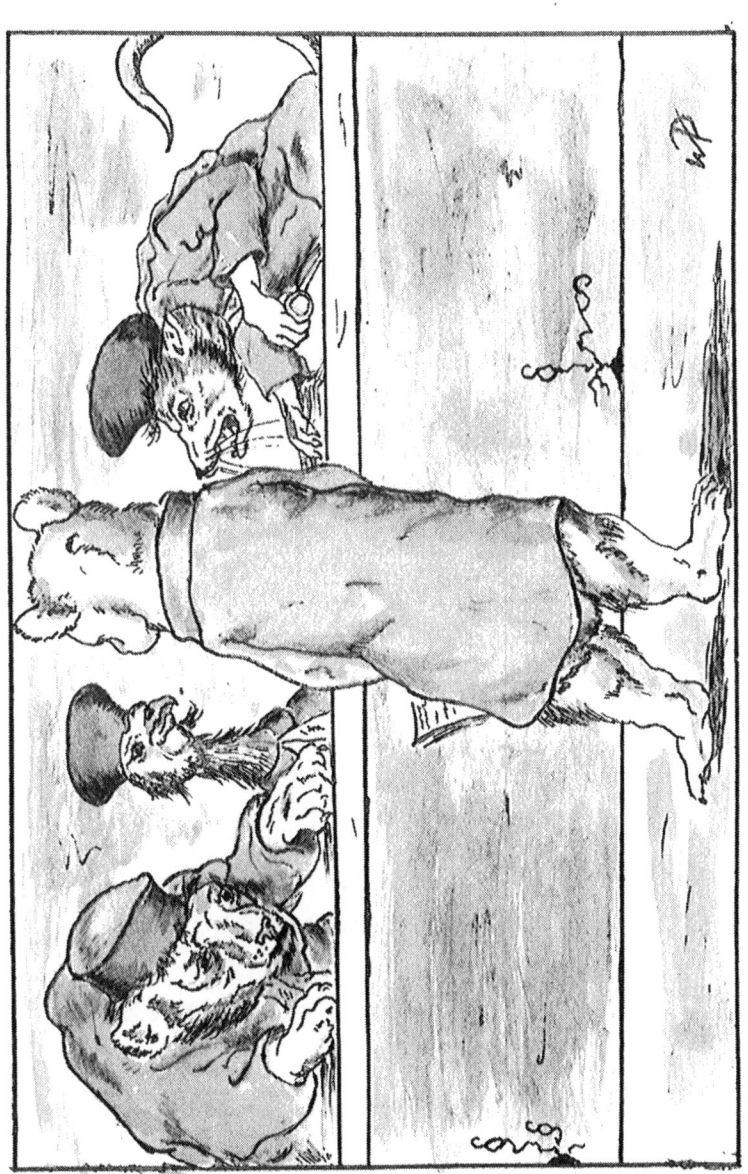

13. Die juristische Prüfung

Der Gerichtspraktiker, gleichzeitig noch den akademischen Nachwuchs lehrend, besteht auf fleißigem Zitieren aus seinem selbstverfaßten „Libellus judex".
Je nach Universität ist eine politische Signalgebung des Prüflings sehr von Nutzen, in diesem Fall die rote Nelke.

14. Pecunia non olet

Er frönt der Kunst des Urteils – nicht
der des Rechtsprechens.
„Pecunia non olet. "
Wer mich bezahlt, des Lied ich sing.

15. Selbsterhöhung

Selbstherrlich besteigen sie die Säule der Macht. Erhoben über die dienende Justitia sonnen sie sich im Glanze ihres Amtes.

16. Das Recht bin ich

Omnipotent hält er die Waage der Justitia in seiner Hand. Doch womit er sie füllt und sie sich neigen läßt, entscheidet nur er.
Das Schwert der Gerechtigkeit wird zu spinnwebenbehaftetem Beiwerk.
Sein Motto lautet: „Das Recht bin ich!"

17. Er biegt sie sich zurecht

Wenn kein Paragraph so recht passen will, biegt der Richter ihn in die passende Form. Ein Künstler der Formgebung durch die Kraft der Interpretation.

18. Abwandlung einer Allegorie des Jacopo Ligozzi

Der Kampf um Macht und Vorrang ist leider auch in den Hallen der Justitia nicht unbekannt.
Getrieben von Neid und Stolz, folgen sie ihren animalischen Trieben im Kampf um die Führung.

19. Rechthaber

Es schwebt die Furie der Recht -
haberei über den Sprechern des
Rechts. Unbeirrbar verkünden sie
ihren Richterspruch, sich einander in
ihrer Meinung bestärkend.

20. Präjudiz

Justitias Waage kann nicht wägen,
einseitig geneigt und festgemacht.
Unbeirrt verteidigt der Senat seinen
vorgefällten Spruch gegen alle An-
fechtungen.

21. Auf dem Weg nach oben

Schwer und mühsam ist es, die Spitze zu erklimmen. Auf dem Weg nach oben ist es oft hilfreich, den Rücken anderer als Karriereleiter zu be - steigen.

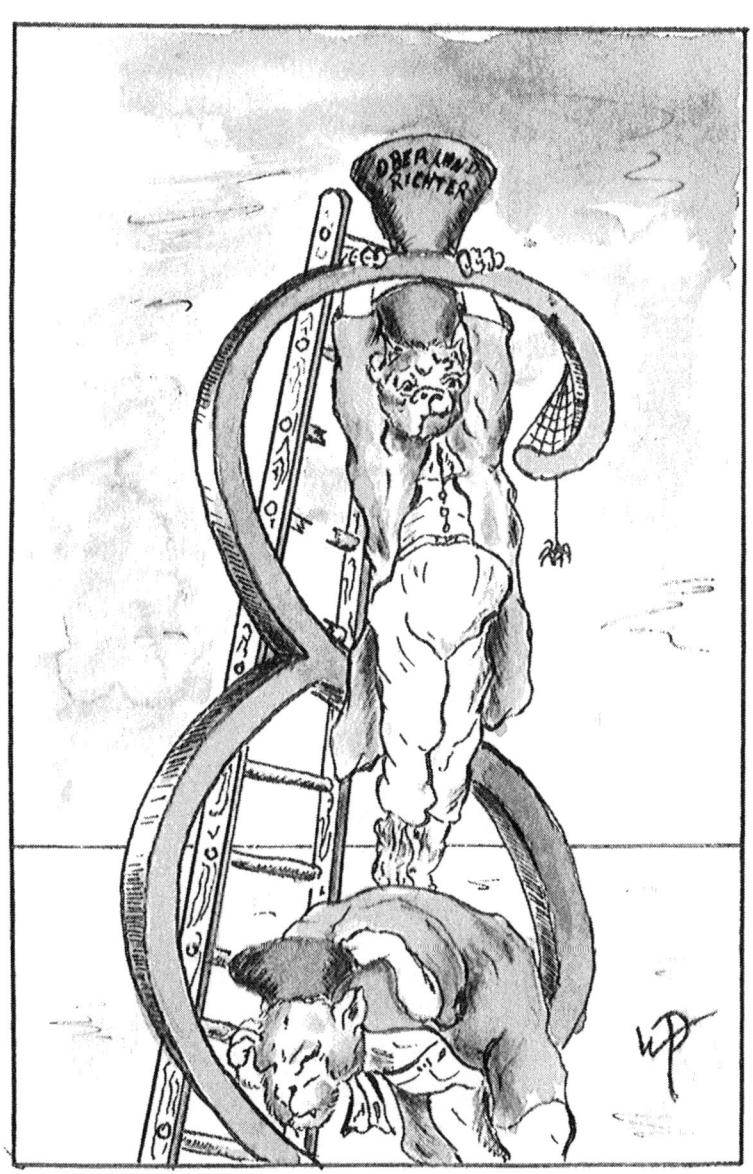

22. Die Befindung

Ein Rechtsgrundsatz besagt: „Denn
es geht darum, daß der Recht -
suchende für würdig befunden wird,
in seiner Sache mitzuerleben, wie
das Recht gefunden wird."
Doch wer befindet über die Befinder?

DENN ES GEHT DARUM, DAB DER RECHTSUCHENDE FÜR WÜRDIG BEFUNDEN WIRD IN SEINER SACHE MITZUERLEBEN, WIE DAS RECHT GEFUNDEN WIRD.

23. Insistieren

Der Aufstieg in die höheren Sphären der Justiz wird sehr erleichtert, wenn nach einem „klärenden Gespräch" unter Kollegen der Insistierte seine Rechtsauffassung der geforderten Interessenlage anpaßt.

25. Mit dem Paragraphen geschlagen

Selbst die Schnelligkeit eines Hasen ist nutzlos. Flink an den Ohren gepackt, wird er Stück für Stück mit dem passenden Paragraphen weichgeklopft.

24. Er sucht das Recht

Als guter Traditionalist aus der Schule des Dorfrichters Adam sucht er das Recht auf recht verschlun - genen Pfaden und findet für ihn manch Nützliches unter dem Tisch des Rechtes.

26. Die Pensenrichter

Einige Richter richten und unterrichten. Sie teilen ihre Zeit zwischen Gerichts - und Hörsaal trotz überlasteter Gerichte. Zum Wohle der Bildung platzt mancher Prozeß durch Verjährung.

28. Die Paragraphenwalze

Schwungvoll mit der schwergewich -
tigen Paragraphenwalze überrollt er
seine hilflosen Opfer, nur platte Hül -
len als Fraß für den Paragraphen -
geier zurücklassend.

27. Der Kofferträger

Freudestrahlend tanzt er auf dem Tisch der Karriere, läßt ihn doch sein Chef schon den Aktenkoffer tragen.

29. In der Waagschale

Geschickt wirft er sein ganzes Ge -
wicht in die Waagschale der Justitia.
Gut platziert schaukelt er sie auf und
nieder durch gekonnte Verteilung
des Gewichts.

30. Der Honorarvertrag und die Befangenheit

Völlig unbefangen erklärt er sich für nicht befangen, trotz enger honorar -
vertraglicher Bindung an eine der prozessierenden Parteien.
Nichts kann seiner Objektivität etwas anhaben.

31. Paragraphenfolter

Genüßlich wird dem hilflosen An -
geklagten, wie einst mit dem schwe-
dischen Trunk, mit allen zur Ver-
fügung stehenden Mitteln das Maul
gestopft.

Die ersten 61 Exemplare sind nummeriert, signiert und vom Künstler mit je einer Original - radierung versehen.

———————————————————

Nr.

———————————————————

Selbstverlag
Wolfgang Prein
Tischbeinstr. 18
22307 Hamburg
ISBN 3-8330-0080-5